AF494201

7 Février 1905

marqué P

VENTE
Des 7 et 8 Février 1905
HOTEL DROUOT, SALLE N° **1**
à deux heures

TABLEAUX ANCIENS

Portraits Décoratifs

OBJETS D'ART ET D'AMEUBLEMENT

Appartenant à M. de X...

COMMISSAIRE-PRISEUR
Me PAUL CHEVALLIER

EXPERTS
M. J. FÉRAL | MM. MANNHEIM

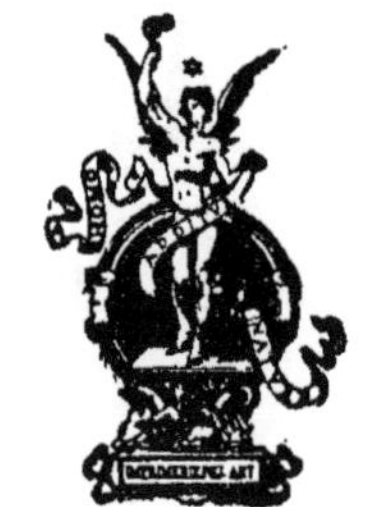

CATALOGUE

DES

TABLEAUX ANCIENS

Portraits Décoratifs

PASTELS

Par ou d'après

F. BOUCHER, COYPEL, DE TROY, DUPLESSIS, EISEN, LEMOINE, LERICHE, MIGNARD, B. MONNOYER, NATTIER, RIGAUD, ROSALBA-CARRIERA, SCHALL, VAN LOO, VESTIER, ETC.

Dessins, Gravures

OBJETS D'ART ET D'AMEUBLEMENT

ARMES ORIENTALES

Appartenant à M. de X...

DONT LA VENTE AURA LIEU

HOTEL DROUOT, SALLE N° 1

Les Mardi 7 et Mercredi 8 Février 1905

à deux heures

COMMISSAIRE-PRISEUR

Me PAUL CHEVALLIER, 10, rue de la Grange-Batelière

EXPERTS

Pour les Objets d'art :

MM. MANNHEIM

7, rue Saint-Georges, 7

Pour les Tableaux :

M. JULES FÉRAL

7, rue Saint-Georges, 7

EXPOSITION PUBLIQUE

Le Lundi 6 Février 1905, de 1 h. à 5 h. 1/2

CONDITIONS DE LA VENTE

Elle sera faite au comptant.

Les acquéreurs paieront *dix pour cent* en sus des prix d'adjudication.

Paris. — Imp. de l'Art, E. Moreau et Cie, 41, rue de la Victoire.

DÉSIGNATION

TABLEAUX ANCIENS

BOUCHER (École de F.)

1 — *Jeune Fille coiffée d'un Chapeau de paille.*

BOUCHER (D'après F.)

2 — *Portrait de Jeune Fille en buste.*

3 — *Les Petits Bergers.*

Dessus de portes en camaïeu.

BLIN DE FONTENAY (Attribué à)

4 — *Vase de Fleurs enguirlandé.*

BLIN DE FONTENAY (Genre de)

5 — *Monument de pierre entouré de fleurs.*

CERQUOZZI

(DEUX PENDANTS)

6 — *Fleurs et Fruits.*

COYPEL (Attribué à CHARLES)

7 — *Portrait de Femme en buste.*
Cadre en bois sculpté.

COYPEL (D'après CH.)

8 — *La Jeune Musicienne.*

COYPEL (Genre d'A.)

9 — *Composition Allégorique.*

CRIVELLI

10 — *Oiseaux de proie.*
11 — *Oiseaux de basse-cour.*

DESHAYES

12 — *Le Sommeil de la Bergère.*

DREUX DORCY

13 — *L'Oiseau privé.*

DUPLESSIS

14 — *Jeune Femme vêtue de blanc, assise dans un fauteuil.*
Cadre en bois sculpté.

EISEN (FRANÇOIS)

15 — *Amours sur des nuages.*

FRAGONARD (D'après H.)

(DEUX PENDANTS)

16 — *Les Plaisirs champêtres.*

17 — *Le Colin-Maillard.*

GÉRARD (Attribué au baron)

18 — *Portrait de Madame de Bonneval.*

GREUZE (D'après J.-B.)

19 — *La Laitière.*

GREUZE (D'après)

20 — *Fillette coiffée d'un foulard bleu.*

GUERCHIN (Attribué à)

21 — *Portrait de Femme tenant des Fleurs.*

HACKAERT (Attribué à J.)

22 — *Paysage avec Figures au premier plan.*
Cadre en bois sculpté.

HONDEKOETER (Genre de G. DE)

23 — *Oiseaux variés.*

HUYGENS (F.-J.)

24 — *Gibier mort.*
Signé et daté 1848.

LEMOINE (F.)

25 — *Gracieuse composition pour un Plafond.*

Toile ovale.

LERICHE

26 — *Corbeille de Fleurs.*

LOO (Carle van)

27 — *Portrait de Stanislas Leczinski, roi de Pologne (1682-1764).*

Représenté de grandeur nature, debout, en cuirasse, manteau doublé d'hermine, une main sur la hanche, l'autre main appuyée sur le bâton du commandement.

Beau portrait, dans un cadre en bois sculpté.

LOO (Genre de C. van)

28 — *Portrait d'un Officier en cuirasse.*

Toile de forme ovale.

LOO (Louis-Michel van)

29 — *Portrait présumé de M. de Marigny.*

MEULEN (Attribué à van der)

30 — *Portrait équestre de Louis XIV.*

MIGNARD (École de P.)

31 — *Portrait de Femme.*

En robe bleue, décolletée, un collier de perles autour du cou.

Cadre en bois sculpté.

MIGNARD (École de)

32 — *Portrait de Femme assise, tenant des Fleurs.*

33 — *Portrait présumé de Madame de Sévigné, accoudée sur un coussin rouge.*

34 — *Le Jeu de la Main Chaude.*

35 — *Portrait allégorique.*

36 — *Portrait de Femme, vue jusqu'aux genoux, en robe blanche, drapée dans un manteau jaune.*

37 — *Jeune Femme en buste, portant des fleurs à son corsage jaune.*

Toile ovale.

38 — *Portrait de Jeune Prince.*

Toile ovale.
Cadre en bois sculpté.

39 — *Portrait de Jeune Femme, en corsage rose et manteau bleu.*

Toile ovale.
Cadre en bois sculpté.

MONNOYER (Attribué à Baptiste)

40 — *Fleurs dans un vase de marbre.*

NATTIER (le père)

41 — *Portrait d'un maréchal.*

Beau portrait décoratif.
Cadre en bois sculpté.

NATTIER (Attribué à J.-M.)

42 — *Jeune Femme en buste.*
Gracieux portrait sur toile de forme ovale.

NATOIRE (Attribué à Ch.)

43 — *Allégorie relative au roi Louis XV.*

NETSCHER (D'après G.)

44 — *Femme assise, vêtue de noir.*

POURBUS (École de)

(DEUX PENDANTS)

45 — *Portrait de Femme tenant un éventail.*
46 — *Portrait d'un Gentilhomme.*

POUSSIN (École du)

(DEUX PENDANTS)

47 — *Sujets mythologiques.*
Toiles de forme ronde.
Cadres en bois sculpté.

PRUD'HON (École de)

48 — *Compositions allégoriques.*
Deux dessus de portes en grisaille.

RIGAUD (École de H.)

49 — *Portrait d'un maréchal.*
Dans le fond, une bataille.
Cadre en bois sculpté.

RIGAUD (École de H.)

50 — *Portrait de Femme, en corsage rouge et manteau vert.*

Toile ovale.
Cadre en bois sculpté.

51 — *Portrait de Femme vue à mi-corps, tenant une fleur sur son corsage.*

Cadre en bois sculpté.

52 — *Portrait d'un maréchal de camp, vu à mi-corps.*

Cadre en bois sculpté.

53 — *Portrait de Femme en robe verte brodée d'or.*

Toile ovale.
Cadre en bois sculpté.

SCHALL

54 — *Le Rendez-Vous.*

TROY (Jean-Franç. de)

55 — *Portrait de Madame de Montagnac.*

Cadre en bois sculpté.

TROY (Attribué à J.-F. de)

56 — *Portrait de Femme, en corsage bleu et manteau rouge.*

Toile de forme ovale.
Cadre en bois sculpté.

*

VESTIER (Antoine)

57 — *Jeune Femme en buste, corsage blanc avec nœud bleu.*

ÉCOLE FRANÇAISE (xviie siècle)

58 — *Portrait d'un Prince en armure.*

ÉCOLE FRANÇAISE (xviie siècle)

59 — *Portrait d'un cardinal.*

Cadre en bois sculpté.

ÉCOLE FRANÇAISE (xviiie siècle)

60 — *Jeune Femme en buste, portant en écharpe un grand cordon bleu.*

Toile ovale.

ÉCOLE FRANÇAISE (xviiie siècle)

61 — *Jeune Femme en buste, un diadème sur ses cheveux poudrés.*

Bois de forme ovale.
Cadre en bois sculpté.

62 — *Portrait d'un prince du sang.*

Cadre en bois sculpté.

ÉCOLE FRANÇAISE (Fin du xviiie siècle)

63 — *Gentilhomme lisant et femme faisant de la tapisserie.*

ÉCOLE FRANÇAISE

64 — *La Reine Marie-Antoinette au Temple.*

ÉCOLE FRANÇAISE

65 — *Fleurs et oiseaux.*

Dessus de porte.

ÉCOLE HOLLANDAISE (XVIIe siècle)

66 — *La Peinture.*

67 — *La Sculpture.*

Deux dessus de portes formant pendants.

ECOLE ITALIENNE

68 — *Portrait d'un Cardinal.*

Toile de forme ovale.

PASTELS

BOUCHER (École de F.)

69 — *Jeune Fille respirant un œillet.*

Charmant pastel de forme ovale.

70 — *Jeune Fille, les cheveux bouclés et ornés de fleurs.*

Pastel.

HUET (Attribué à)

(DEUX PENDANTS)

71 — *Pastorales.*

Pastels de forme ovale.

NATTIER (D'après J. M.)

72 — *Jeune Femme coiffée d'un voile noir.*

Portrait de forme ovale.

ROSALBA CARRIERA

73 — *Jeune Femme tenant des Fleurs dans son manteau bleu.*

Pastel dans un regrettable état.

ÉCOLE FRANÇAISE (XVIIIe siècle)

74 — *Portrait de Jeune Femme, en corsage blanc lacé d'un ruban rouge sur la poitrine.*

Joli pastel de forme ovale.

75 — *Portrait de Jeune Femme, les cheveux et le corsage ornés de roses.*

Cadre en bois sculpté.

76 — *Jeune Fille portant un collier de perles autour du cou.*

Pastel.

77 — *Portrait de Jeune Fille, un ruban bleu dans les cheveux.*

Pastel de forme ovale.

78 — *Jeune Femme, en corsage bleu, accoudée à une fenêtre.*

Pastel de forme ovale.

GRAVURES ET DESSINS

79 — Tête de Jeune Femme, gravure de *J. Bonnet*, d'après *F. Boucher.*

80 — Nicaise, gravure d'après *Lancret*, par *De Larmessin.*

81 — Les Adieux, gravure par *Delaunay*, d'après *Moreau le Jeune*, pour le Monument du Costume.

82 — La Mère bien-aimée, gravure d'après *Greuze.*

83 — Sous ce numéro, seront vendus les tableaux, dessins et gravures non catalogués.

OBJETS D'ART ET D'AMEUBLEMENT

OBJETS VARIÉS

84 — Bouteille en porcelaine de Chine, flambée rouge.

85 — Deux vases variés en céladon bleu-turquoise de la Chine.

86 — Deux pitongs en porcelaine de Chine, fond jaune.

87 — Potiche en ancienne porcelaine du Japon, décor de fleurs.

88 — Petite tête de femme en marbre blanc.

89 — Bonbonnière Louis XV en argent et caillou d'Égypte.

90-91 — Quatre miniatures variées et un émail.

92 — Coffret en laque rouge et or.

93 — Coffret en bois incrusté de nacre.

94 — Coffret en marqueterie à fleurs.

95 — Lunette en peau de requin.

96 — Trois narghilés persans variés.

97 — Quatre porte-corans orientaux.

98 — Miroir incrusté de nacre.

99 — Miroir turc en métal.

100 — Deux boîtes et un coffre en applications de nacre. Travail oriental.

101 — Encrier en métal. Travail turc.

102 — Aiguière en métal, avec applications d'argent. Travail indien.

103 — Deux appareils d'éclairage en métal, de travail turc. Disposés pour l'électricité.

104 — Fragment égyptien en bois.

105 — Pot à eau et cuvette en étain.

106 — Écuelle avec couvercle, en étain.

107 — Cinq vitraux variés.

ARMES ORIENTALES

108 — Sous ce numéro, nombreuses armes orientales, casques, brassards, rondaches, sabres, poignards, couteaux, fusils, pistolets, armes d'hast, lances, ceintures. (Seront divisées.)

PENDULES, BRONZES

109 — Pendule Louis XIV, écaille rouge et bronzes.

110 — Deux flambeaux Louis XV, bronze argenté.

111 — Cartel en bronze à décor de rocailles. Époque Louis XV.

112 — Deux appliques Louis XVI en bronze, à cors de chasse.

113 — Pendule Louis XVI en marbre blanc et bronze, à colonnettes.

114 — Pendule à cage Louis XVI, en bois noir et cuivres.

115 — Pendule Empire bronze patiné et doré, à figure de femme.

116 — Deux petits bustes d'enfants, bronze.

117 — Deux appliques à deux lumières, ornées de figures d'enfants, bronze.

118 — Deux autres appliques à deux lumières à figures d'enfants en bronze.

119 — Deux appliques à deux lumières, bronze.

120 — Quatre appliques à une lumière, en bronze.

121 — Deux appliques à deux lumières, en bronze.

122-123 — Deux flambeaux de bouillotte variés en cuivre, à deux lumières.

124 — Deux flambeaux, de style Louis XVI, en cuivre argenté.

125 — Lanterne en cuivre ajouré.

126 — Lustre en bronze et cristaux.

127 — Deux appliques en bronze et cristaux.

128 — Deux groupes en bronze, les Chevaux dits de Marly.

MEUBLES

129 — Petit cabinet en bois noir et ivoire. XVIIe siècle.

130 — Bout-de-bureau-cartonnier en bois de violette, garni de bronzes. Époque Régence.

131 — Bureau plat en bois noir, garni de bronzes. Époque Régence.

132 — Fauteuil canné Régence, bois peint blanc.

133 — Deux encoignures Louis XV, bois de placage et bronze ; dessus de marbre.

134 — Pupitre à écrire debout en bois de rose. Époque Louis XV.

135 — Petite table Louis XV en bois de rose.

136 — Étagère, bois de violette et marbre blanc. Fin du règne de Louis XV.

137 — Bureau plat Louis XV, bois noir et bronzes.

138 — Commode Louis XV, bois de placage et marbre.

139 — Fauteuil canné Louis XV en bois peint blanc.

140 — Fauteuil de bureau canné Louis XV en bois peint blanc.

141 — Douze fauteuils Louis XV, bois peint blanc, couverts en damas rouge.

142 — Deux fauteuils Louis XVI en bois peint blanc, à moulures.

143 — Grand canapé et quinze chaises Louis XV, cannés, en bois peint blanc.

144 — Table-tricoteuse Louis XVI en bois de placage.

145 — Lit Louis XVI, bois sculpté.

146 — Commode Louis XVI en acajou et cuivres, dessus de marbre.

147 — Chiffonnier à cinq tiroirs, acajou et cuivres.

148 — Deux petites consoles, bois peint blanc et vert.

149 — Table carrée Louis XVI en acajou.

150 — Guéridon rond Louis XVI, acajou et cuivres.

151 — Fauteuil de bureau Louis XVI, bois et cuir peints blanc, avec coussin jaune.

152 — Fauteuil Louis XVI canné, bois peint blanc, avec coussin de velours jaune.

153 — Chaise-basse Louis XVI, bois sculpté et velours rouge.

154 — Guéridon rond Louis XVI, bois de rose et cuivres.

155 — Deux grandes consoles, bois peint vert et or, à rocailles. Dessus de marbre. XVIIIe siècle.

156 — Coffre en bois sculpté : mascarons.

157 — Lit avec baldaquin, bois et marqueterie d'étain.

158 — Petit paravent à six feuilles.

159 — Écran ovale, bois peint blanc.

160 — Petite vitrine, bois noir, à filets de cuivre.

161 — Écran, bois peint blanc, avec tablette.

162 — Table à jeu en acajou.

163 — Chaise basse en soie brochée.

164 — Fauteuil en bois sculpté et gravé, couvert en velours.

165 — Support en bois sculpté Louis XVI.

166 — Deux supports, bois sculpté, à guirlandes.

167 — Quatre supports, bois sculpté et peint blanc.

168 — Deux supports, fer peint blanc.

169 — Guéridon en acier gravé. Travail oriental.

170 — Divan.

171 — Coussins orientaux.

172 — Tenture orientale à inscriptions et arabesques.

173 — Objets omis au présent catalogue.

www.ingramcontent.com/pod-product-compliance
Ingram Content Group UK Ltd.
Pitfield, Milton Keynes, MK11 3LW, UK
UKHW020533180726
13839UKWH00005B/2480

9 782329 508054